Todos los libros de Linkgua Ediciones cuentan con modelos de Inteligencia Artificial entrenados por hispanistas. Pregúntale al chat de tu libro lo que desees acerca de la obra o su autor/a.

Para ebooks: Accede a nuestro modelo de IA a través de un enlace.

Para libros impresos: Escanea el código QR de la portada con tu dispositivo móvil.

Obtén análisis detallados de nuestros libros, resúmenes, respuestas a tus preguntas y accede a nuestras ediciones críticas generativas para una experiencia de lectura más enriquecedora.
La transparencia y el respeto hacia la autoría de las fuentes utilizadas son distintivos básicos de nuestro proyecto. Por ello, las respuestas ofrecen, mediante un sistema de citas, las fuentes con las que han sido elaboradas.

Pedro Calderón de la Barca

¿Quién hallará mujer fuerte?

Barcelona 2025
Linkgua-ediciones.com

Créditos

Título original: ¿Quién hallará mujer fuerte?

e-mail: info@linkgua.com

Diseño cubierta: Michel Mallard

ISBN rústica ilustrada: 978-84-9953-736-8.
ISBN tapa dura: 978-84-9897-256-6.
ISBN ebook: 978-84-9816-768-9.

Sumario

Brevísima presentación

La vida

Pedro Calderón de la Barca (Madrid, 1600-Madrid, 1681). España.

Su padre era noble y escribano en el consejo de hacienda del rey. Se educó en el colegio imperial de los jesuitas y más tarde entró en las universidades de Alcalá y Salamanca, aunque no se sabe si llegó a graduarse.

Tuvo una juventud turbulenta. Incluso se le acusa de la muerte de algunos de sus enemigos. En 1621 se negó a ser sacerdote, y poco después, en 1623, empezó a escribir y estrenar obras de teatro. Escribió más de ciento veinte, otra docena larga en colaboración y alrededor de setenta autos sacramentales. Sus primeros estrenos fueron en corrales.

Lope de Vega elogió sus obras, pero en 1629 dejaron de ser amigos tras un extraño incidente: un hermano de Calderón fue agredido y, éste al perseguir al atacante, entró en un convento donde vivía como monja la hija de Lope. Nadie sabe qué pasó.

Entre 1635 y 1637, Calderón de la Barca fue nombrado caballero de la Orden de Santiago. Por entonces publicó veinticuatro comedias en dos volúmenes y La vida es sueño (1636), su obra más célebre. En la década siguiente vivió en Cataluña y, entre 1640 y 1642, combatió con las tropas castellanas. Sin embargo, su salud se quebrantó y abandonó la vida militar. Entre 1647 y 1649 la muerte de la reina y después la del príncipe heredero provocaron el cierre de los teatros, por lo que Calderón tuvo que limitarse a escribir autos sacramentales.

Calderón murió mientras trabajaba en una comedia dedicada a la reina María Luisa, mujer de Carlos II el Hechizado. Su hermanó José, hombre pendenciero, fue uno de sus editores más fieles.

¿Quién hallará mujer fuerte?

Personajes

La Sabiduría
El Mundo
La Prudencia
Barac
La Templanza
Sísara
La Justicia
La Jael
La Fortaleza
Haber
La Débora
El Morfuz
El Turpín
Dos hombres
Música

Acto único

Sale la Sabiduría, dama bizarra, con guirnalda de flores y estrellas, y la Música con instrumentos.

Sabiduría
Aquí de la ciencia mía
la cláusula se oiga.

Música
Advierte
que intenta, ¡oh Mundo!, este día
saber la Sabiduría
quién hallará mujer fuerte.

Sabiduría
De una invencible mujer
palabra el Génesis da,
que la frente ha de romper
al dragón, y aunque en mí está
prevista la que ha de ser,
con todo, mientras no dora
su luz, intento apurar
si sabe el Mundo o ignora
las sombras que han de pasar
para que venga esta aurora,
y aunque la duda no es mía
la pregunta sí, de suerte,
que es lo que intenta este día...

Ella y música
...saber la Sabiduría,
quién hallará mujer fuerte.

Sabiduría
Y pues la han de prevenir
anuncios cuya apariencia

la enseñe antes de venir,
¿quién hoy al Mundo decir
sabrá alguno?

Prudencia
(Dentro canta.) La Prudencia.

Sabiduría No dudo que ella sabrá
mas, ¿quién me asegurará,
que crea el Mundo su noticia?

Justicia
(Dentro canta.) La Justicia.

Sabiduría Mas quisiera mi deidad
que lo hiciera la piedad,
¿quién me dará otra esperanza?

Templanza
(Dentro canta.) La Templanza.

Sabiduría Mejor me suena esta voz
¿y quién, oh acento veloz,
da de uno y otro certeza?

Fortaleza
(Dentro canta.) La Fortaleza.

Sabiduría No mal mi pregunta empieza,
poniéndome en confianza
de que anuncien su belleza...

Prudencia

(Cantado.) La Prudencia.

(Sale.)

Templanza La Templanza.

(Sale.)

Justicia La Justicia.

(Sale.)

Fortaleza Y Fortaleza.

(Sale.)

Sabiduría Ya que cuatro cardinales
virtudes queréis iguales
con antevisto arrebol,
antes que amanezca el Sol
dar de su aurora señales,
sabed...

(Cantan.)

Prudencia Nada nos advierte...

Templanza ...porque para obedecerte...

Justicia ...baste oír...

Fortaleza ...que quiera este día...

Las cuatro y Música Saber la Sabiduría,
quién hallará mujer fuerte.

Prudencia
(Cantado.) Y siendo así, es evidencia,
que la diga la Prudencia.

Justicia
(Cantado.) Más claramente se indicia
que lo sepa la Justicia.

Templanza
(Cantado.) Más segura es la esperanza
de que la halle la Templanza.

Fortaleza (Cantado.) Una invencible belleza
más toca a la Fortaleza.

Prudencia (Canta.) De mí aguarda...

Justicia De mí fía...

Templanza De mí espera...

Fortaleza De mí advierte...

Las cuatro (Cantan.) ... que logre este feliz día...

Todos y la Música Saber la Sabiduría,
quién hallará mujer fuerte.

(Sale el Mundo.)

Mundo «¿Que logre este feliz día,
saber la Sabiduría,
quién hallará mujer fuerte?»
¿Qué dulces sonoras voces,
cuando yace en las tinieblas
de sombras y de figuras,
hasta que el Sol le amanezca,
sepultado el Mundo, son
las que a sus oídos suenan
tan lejanas, que no sabe
si mal despierto las sueña,
o mal dormido las oye?
¿Mas qué me admira que sea
tal mi suspensión, si es
la salva que me despierta,
al más bello Sol que vieron
jamás ni montes ni selvas?
Hermosísima deidad,
que verte del Mundo dejas,
no sé si realmente o si
en fantástica apariencia,
a efecto quizá de que
usando de las licencias,
que la retórica admite
en alegórica idea,
quieras mostrar algún rasgo,
algún viso, alguna seña
de aquel gran prometimiento
que hizo Dios por sus profetas
tantos siglos ha. ¿Quién eres,
que el rubio Ofir de tus trenzas
de tantos rayos coronas
que duda la competencia

si son estrellas o flores?;
¿quién eres que de tan bellas
hermosuras asistida
te avienes con todas ellas
bien como la blanca rosa
que en cumbres y valles reina
con el vulgo de las plantas?
Y perdona a mi rudeza
ignorarte y ignorar
qué dulce música es esta
con que todas te saludan,
qué misterioso problema
el que sus ecos publican,
porque es para mí tan nueva
su voz como tu hermosura,
con que no sabe, suspensa
el alma en tus perfecciones,
en qué estilo hablarte deba,
porque elevado el oído
y porque la vista ciega
se han levantado con todos
los imperios de la lengua.

Sabiduría

Inferior ámbito, centro
del orbe, que hoy entre densas
nieblas sepultado yaces,
porque en tu esperanza tengas
firme fe, piadoso el cielo
quiere que mientras no llega
al cumplimiento felice
de su inefable promesa
el constituido tiempo
que ha reservado su ciencia,

las vislumbres te consuelen
que en pardas nubes envueltas
esconden la Sunamitis
debajo de la corteza
de sombras y de figuras.
Y porque mejor lo veas
quiero responderte a todo,
que en tan sagradas materias
el confesar ignorarlas
ya es empezar a saberlas.
Yo soy del eterno Padre
una substancia a su esencia
tan una, que soy con él,
sin fin ni principio, eterna.
En su mente estoy, y como
al Hijo en su mente engendra,
soy atributo del Hijo,
y para más excelencia
soy del Espíritu Santo
alto don, como Job muestra
y Salomón lo publica
cuando piden que yo sea
la dádiva liberal
de su mano, de manera
que en la comunicación
de personas, dando en ellas
la atribución de las gentes
para más inteligencia
al Espíritu el amor,
al Padre la omnipotencia
y la sabiduría al Hijo,
vengo yo a ser, por ser ésta
de uno, palabra y concepto;

de otro, don; de otro, riqueza,
pero riqueza escondida
por ahora a las primeras
leyes y solo enseñada
en sombras a los profetas.
Hasta aquí he dicho quién soy,
conque habiendo mi presciencia
visto en una parte una
mujer, que la planta puesta
en la cerviz del dragón
quebrantará su soberbia
y habiendo dictado en otra
a la más infusa ciencia
el proverbio en que pregunta
quién habrá que a hallar se atreva
mujer fuerte, intento de ambos
textos careando la letra
ver si en tu consuelo, como
tú presumiste, a ver llegas
una seña, un rasgo, un viso,
que tu esperanza entretenga,
y como es uso del día
que la noche le preceda
y que amanezca el aurora
para que el Sol amanezca,
quise, antes que al Sol viese,
parar la veloz carrera
de los siglos en la aurora,
confiada en que no deja
de ser fiesta para el Sol
la que es de su aurora fiesta.
A este fin fueron las voces,
que de mi pregunta llevan

los ecos, y a este fin son
las que me dan la respuesta,
las de las cuatro virtudes,
prometiéndose anteverla
la Fortaleza y Templanza,
la Justicia y la Prudencia,
y porque nada me quede
por decir, llegar sus bellas
consonancias a tu oído
tan sonoramente tiernas
que a su concento no hay
viento que no se suspenda,
es que como son virtudes
hablan muy de otra manera
que los humanos, y así
siempre su dulzura suena
interiormente al oído
en blanda música puesta.
Este principio asentado,
vuelvo a que es la competencia
en que las hallas fiar
cada una de sí mesma
que la mujer fuerte halle,
conque yo al afecto atenta
con que todas se prefieren
a hacer por mí la fineza
de buscarla, me prefiero
también a que premio tenga
la que la logre. Y así,
(Dale la guirnalda.) aquesta guirnalda bella
en tu mano deposito,
que siendo tú quien esperas
la respuesta, en tu favor

es bien, Mundo, que tú seas
quien la dé a quien traiga más
en tu favor la respuesta.

(Vase.)

Fortaleza (Cantado.) Oye...

Templanza
Aguarda...

Justicia
Espera...

Prudencia
Escucha.

Mundo
No la sigáis, y estad ciertas
que aunque la merezcáis todas,
la dé a quien más la merezca.

(Cantado todo.)

Prudencia
Deme el sacro texto
tan feliz letra
que haya de ser el lauro
de la Prudencia.

Justicia
Deme el sacro volumen
tan feliz línea
que haya de ser el triunfo
de la Justicia.

Templanza
Deme el sacro eloquio
tan feliz plana
que haya de ser el premio

de la Templanza.

Fortaleza
Deme la sacra historia
tan feliz senda
que haya de ver el palio
la Fortaleza.

Mundo
Pues que vais amigas
con ir opuestas,
id diciendo todas:
«Aurora bella,
aunque sea en imagen
danos tus señas;
mira que el Sol aguarda
que tú amanezcas.»

Las cuatro y Música
Aurora bella,
aunque sea en imagen
danos tus señas;
mira que el Sol aguarda
que tú amanezcas.

Mundo
Qué bien suenan sus voces
y qué bien suenan
ecos que repiten.

(Vanse todos, quedando solo el Mundo, y suenan cajas y trompetas.)

Voces (Dentro.)
¡Arma, arma, guerra, guerra!

Mundo
Mas ¿qué militar estruendo
es el que horroroso trueca
a la caja la armonía

y a la lira la trompeta?
Ninguno extrañe que el Mundo,
siendo, como es, en su esfera
el escándalo, le dude,
que es tan cruel, tan sangrienta,
y tan tirana la lid
que el Asia mueve soberbia,
que estremecido al mirarla,
que despavorido al verla,
siendo en una parte, en todas
las cuatro del orbe tiembla.

(Las cajas y trompetas.)

Jabín, hoy Rey de Canán
(¡oh historial, qué presto dejas
lo alegórico, si ya
no es porque entrambos convengan!);
Jabín, pues, Rey de Canán,
que en Asor su corte reina,
patria de la idolatría,
no contento con que sea
el pueblo de Israel sujeto
a sus tiranas violencias
tributario esclavo suyo,
obligándole a que ofrezca
culto a su ídolo Bahalín,
acabar con él intenta
tan de una vez, que entregando
nuevas tropas, nuevas levas
a Sísara, su más fiero
bruto caudillo, le ordena
o que idolatre o que todo

el pueblo de Dios perezca,
conque oyendo en una parte...

Voces (Dentro.) ¡Arma, arma, guerra, guerra!

(Las cajas.)

Mundo ... y en otra al amenazado
pueblo...

Música (Dentro.) ¡Clemencia, clemencia!

Mundo ... es fuerza que atento a todo,
su juicio el Mundo suspenda,
y pues al Mundo no toca
que los casos antevea,
hasta que el tiempo los diga
diga el tiempo lo que resta,
al oír allí...

(La caja.)

Voces ¡Arma, arma!

Mundo Y allí...

Música ¡Clemencia, clemencia!

Mundo ... y entre uno y otro a otros ecos...

Unos ¡Al monte!

Otros ¡Al valle, a la selva!

Mundo ...con que Babilonia todo
el orbe en voces diversas
todo es confusión oyendo...

(Vase.)

Música ¡Clemencia, Señor, clemencia!

Voces ¡Guerra, guerra, al arma, al arma!

Unos ¡Al monte, al valle!

(Sonando a un tiempo cajas, voces y música, salen huyendo unos Villanos, y con ellos Barac, viejo venerable.)

Barac ¡A las selvas!
Pastores de Haber, mirad
cuánto el peligro se acerca,
pues ya Sísara al Cisón
marcha doblando la vuelta.
No esperéis que fronterizos
de Canán tan sin defensa
os halle que a ser vengáis
de su cólera sangrienta
primer despojo.

Villanos ¡A los montes
huyamos!

Barac Seguidme, y sea
nuestro asilo el de Efraín,

que es donde asiste la excelsa
Débora, que profetisa
el pueblo hoy de Israel gobierna
por falta de Lapidot,
su esposo; y pues a la inmensa
sombra de fértiles palmas
su trono en la cumbre asienta
a donde las causas juzga
y a donde da las audiencias,
mostrando que no ha de haber
para el pretendiente puertas
que no estén a todas horas
como las del campo abiertas.
¿Quién duda, puesto que a todo
atiende prudente y cuerda,
que oyendo nuestras desdichas
a nuestro reparo atienda?

Unos Bien dices, a Efraín, pastores.

Todos A Efraín.

Morfuz Si a freír dijeran
y el tal freír fueran huevos
y torreznos, aunque fuera
jodío pecado, tras ellos
fuera yo, ¿mas quién me aprienta
para dejar a los amos?,
que para morir cualquiera
lugar basta.

Barac Venid, pues,

diciendo: «Débora bella...

Todos
»Débora bella...

Barac
... el pueblo de Dios perece,
trata tú de su defensa».

Todos
...el pueblo de Dios perece,
trata tú de su defensa».

Barac
Pues cuando otros: «¡arma, arma!»...

Todos (Dentro.)
¡Arma, arma!

Barac
...dice él: «¡clemencia, clemencia!».

Música (Dentro.)
¡Clemencia, clemencia!

(Sonando las cajas y trompetas y la Música, se van todos y sale Haber, y Jael deteniéndole.)

Haber
No huyáis, esperad, villanos,
que más vuestra muerte es cierta
huyendo que no quedando
conmigo.

Jael
¿Qué es lo que intentas,
Haber, en quedarte solo,
cuando tus gañanes dejan
a persuasión de Barac,
que tras sus voces los lleva,
los ganados en los montes
y las mieses en las eras

a la idólatra invasión
de un tirano, sin que adviertas
cuánto importa más salvar
las vidas que las herencias?

Haber — Si sabes, Jael, que tengo
con Jabín correspondencia
y con Sísara amistad,
¿qué hay que dudes, qué hay que temas
mi seguridad? Pues no
solo huiré de su presencia,
pero saldré a recibirle.
Y pues esta alquería nuestra
que a orillas del Cisón yace
parte lindes con las selvas
del Tabor y de Efraín,
iré a ofrecerle que sea
su campal alojamiento.

Jael — ¿Qué dices?

Haber — ¿De qué te alteras?

Jael — De que ya que alguna vez
la política consienta
al infiel comercio, no
cuando el comercio se encuentra
con la religión. ¿A un monstruo
a quien juzga su soberbia
igual a su rey y viene
en odio de la ley nuestra,
imitación del primero
rebelión de las estrellas,

a entablar idolatrías
en tu casa y...

Haber

Cesa, cesa,
que menos, Jael, importa
dar a Jabín reverencia,
dar a Sísara hospedaje,
y dar a Bahalín ofrenda,
que aventurar todo el resto
de la vida y de la hacienda.
Vente tú, Morfuz, conmigo.

(Vase.)

Morfuz

Sí haré alegre con que sepa
que estoy seguro con dar
al rey Jabón obediencia,
a su Chíchara hospedaje,
y a su dios Badil ofertas.

(Vase.)

Jael

Tan absorta, tan confusa
su proposición me deja,
que no sé que fantasía
en él se me representa.
¿Mas qué me admiro, si Haber,
equivocando una letra,
dice Heber, de quien tomó
nombre la nación hebrea,
que en él se me signifique
el hebreo pueblo y sean
sus torpes idolatrías

las que hoy Dios castiga? Inmensa
piedad, hazte sorda, no oigas
su sacrílega propuesta,
antes que mi llanto, puesto
que entre mi llanto y su ofensa,
si eres Dios de las venganzas,
también Dios de las clemencias.
Duélete dél y de mí
y no permitas que pueda
hospedar mi casa menos
que para matarle en ella
a ese padre de las iras,
a ese autor de las tragedias,
caudillo de las discordias
y campión de las soberbias,
a ese abominable monstruo,
de tan sañuda fiereza
que parece que de sangre
hidrópico se alimenta,
según aborrece a toda
la humana naturaleza,
a ese Sísara, ahora todo
lo dije, pues se interpreta
el que ve al ave que pasa
dando a entender que no vuela
tan remontada ninguna
que sus venenosas flechas
no la registren y abatan.
¡Oh venga, Señor, oh venga
ave que vuele tan alta

que de la vista la pierda!

(Quédase elevada; sale la Templanza cantando.)

Templanza

Sí vendrá, si tu pena
clama, llora, suspira,
gime y anhela.
Sí vendrá, y pues tu nombre,
¡oh, Jael!, se interpreta
la que asciende, no dudes
que tú también asciendas,
ya que no a ser el ave
de tanta gracia llena
que vuele remontada
sin que él alcance a verla,
a ser imagen suya,
si dando al tiempo treguas,
el grito del dolor
con el silencio templas.
Quien derrama sus ansias,
quien arroja sus quejas,
avisa al enemigo
para que se prevenga,
y así, pues la Templanza
(por si acaso en ti encuentra
una mujer que busca)
es la que te aconseja:
recata el sentimiento,
que para que merezca,
sin que le sepa el hombre,
basta que Dios le sepa.
A él solo sabia y cuerda,
clama, llora, suspira,

gime y anhela.

Jael
Interior consonancia
que en mis sentidos suenas
sin saber quién te inspira,
ya que obligarme intentas
a que sintiendo calle,
a que callando sienta,
dame también los medios,
porque no sé que pueda
hacer un corazón
tan noble resistencia
que sienta y calle.

(Sale la Fortaleza.)

Fortaleza
Eso
no podrá por sí mesma
la Templanza.

Jael
Pues, ¿quién
podrá?

Fortaleza (Canta.)
La Fortaleza;
que cuando concurrimos
en igual conferencia
ella da los consejos,
pero yo doy las fuerzas,
y así a mi voz atenta
lidia, anima, resiste,
vive y alienta.
Para la gran victoria
de vencerse a sí mesma,

bien podrá la Templanza
intimarte la guerra,
mas no podrá sin mí
conseguirla, que si ella
te ha empeñado en que lidies,
yo en que lidies y venzas,
no sin grande misterio,
que si en Jael se encierra,
en metáfora de ave,
«la que ascendiendo vuela»,
quien Fortaleza dijo,
dijo Gabriel, y es fuerza,
que haya misterio donde
ave y Gabriel concuerdan.
Y así, en tan alta empresa
lidia, anima, resiste,
vive y alienta.

Jael ¡Cielos! ¿Qué suspensión
tan misteriosa es ésta?

Templanza Ya que en su sentimiento,
viendo que a Dios apela,
entrambas concurrimos
por presumir que en ella
la mujer fuerte hallemos,
yo a templarla en su pena,
y tú a esforzarla, el Mundo
juicio hará de cuál tenga
más derecho a la hermosa
guirnalda.

Fortaleza ¿Pues qué esperas

a seguir tus motivos?

Templanza — Que tú a los tuyos vuelvas.

Fortaleza — Mejor será que iguales,
pues nuestra competencia
nos ha de hallar amigas
aunque nos busque opuestas,
ambas digamos juntas:
Jael hermosa...

Templanza — Jael bella...

Fortaleza — ...prudente a la Templanza...

Templanza — ...sabia a la Fortaleza...

Las dos — ...clama, llora, suspira,
gime y anhela,
lidia, anima, resiste,
vive y alienta.

(Vanse las dos, tocan a marchar y dicen dentro los primeros versos.)

Sísara — Alto, y pase la palabra.

Voces — Alto, y pase la palabra.

Jael — ¿Qué escucho (¡ay de mí!) que en esta
militar marcha, no solo
me da el horror de oírla cerca,
pero me quita el consuelo
de oír no sé qué lisonjera

suspensión, en que juzgara
dentro de mí, de mí ajena,
que haya decirme al oído...

Sísara (Dentro.) Ya que las cumbres excelsas
de Efraín y del Tabor
saludó la salva nuestra,
orillas del Cisón, id
frente haciendo de banderas,
mientras yo en casa de Haber
paso el rigor de la siesta,
y para no perder tiempo
oigan todas las fronteras
de Israel el bando en que
mueran todos.

(La caja a bando.)

Voces Todos mueran,
sin reservar a ninguno
que a Sísara no obedezca.

Jael ¿Sin reservar a ninguno?
¡Oh humana dicha, qué apriesa
pasa el instante que un triste
en que es venturoso piensa!

(Salen Haber y Soldados y Sísara, que tropezando cae a los pies de Jael.)

Haber Ésta, señor, ya no mía,
es la humilde casa vuestra.

Jael
Huiré de verle, ¡mas, cielos,
no es posible, que ya entra!

Sísara
Por vuestra, Haber, ¡mas ay triste!

Haber
¿Qué ha sido?

Sísara
Al entrar en ella,
no sé cómo tropecé
en el umbral de sus puertas.

Haber
Pésame que con azar...

Sísara
¿Dónde hay azar que yo tema;
y más cuando mi caída
es a fin de que me vea
a tales plantas? (¡Qué rara
hermosura!)

Jael
(¡Qué fiereza
tan horrorosa!)

Sísara
(¡En mi vida
vi más divina belleza!)

Jael
(¡En mi vida vi más fiero
semblante!)

Sísara
(¡Suspenso al verla...)

Jael
(¡Absorta al mirarle...)

Sísara
(...no,

no puedo, según me eleva...)

Jael
(...no puedo, según me asombra...)

Sísara
(...adelantar hacia ella
el primer paso.)

Jael
(...al primero
instante no estar suspensa.)

Sísara
(¡Qué pasmo!)

Jael
(¡Qué temor!)

Sísara
(¡Qué ansia!)

Jael
(¡Qué aflicción!)

Haber
Jael, ¿qué esperas?

Sísara
¿Ésta es Jael?

Haber
Llega a hablarle.

Jael
Esto es... (voz, ¿qué me aconsejas
templar el dolor, si cuando...)

Sísara
(¡Qué turbación tan honesta!
Ahora bien quite la voz
el horror de la presencia.)
Bella divina Jael,
no en mirarme te suspendas
como enemigo, que aunque

contra todo el pueblo venga,
no contra ti: esos edictos,
que mis pretextos honestan,
no se han de entender contigo,
que su amenaza severa
no es por ti, sino por todos,
que tú has de vivir exempta
de las generales leyes.

Jael
No es temor, sino vergüenza
mi turbación, que no dudo
que haya gracia con reserva,
para que esa general
ley conmigo no se entienda.

Sísara
Claro está, que a tu respeto
no habrá nadie que se atreva.
(Aparte.)
(Ni aun yo pues aún no me atrevo
a mirarla de más cerca.
Cuando a mover voy la planta
no sé qué superior fuerza
a mi pesar la retira,
como diciendo...)

Unos (Dentro.)
A la excelsa
cumbre, que ella sola puede
ser nuestro asilo.

(Las cajas y las trompetas.)

Voces (Dentro.)
¡Arma, guerra!

Sísara
¿Pero qué nuevo alboroto

es éste?

(Sale un Soldado.)

Soldado
De esas desiertas
montañas, los moradores
para ponerse en defensa
van en desmandadas tropas
a ocupar las eminencias,
conque adelantados tercios
cortarles el paso intentan,
en cuyo encuentro repiten
unos y otros.

Voces
¡Arma, guerra!

Sísara
Iré a ver en lo que para;
en paz, ¡oh Jael!, te queda,
mientras que más victorioso
otra vez a tus pies vuelva.

(Vase, y los Soldados.)

Haber
Jael, ya ves lo que te importa,
templa tu enojo, y paciencia.

Jael
¿Qué más le puedo templar?
Y pues sufriendo mis penas
te he obedecido, Templanza,
no me faltes, Fortaleza,
hasta que en otra ocasión

a ti también te obedezca.

(Vase.)

(Instrumentos y chirimías, y aparece en un trono, debajo de una palma Débora sentada, y salen al tablado una Mujer y dos hombres.)

Débora

Suenen tus voces, ¡oh Fama!,
y al gran pueblo de Israel,
que vengan cuantos en él
ser oídos quieran, llama.

Fama

Venid, israelitas,
venid a la audiencia
adonde hallaréis
Justicia y Prudencia.
Venid a la audiencia,
venid israelitas
adonde hallaréis
Prudencia y Justicia.

Mujer

Divina Débora bella,
de una querella que tengo
a pedir justicia vengo.

Débora

Sepa yo qué es la querella.

Mujer

Estos dos hombres servían
con familia tan escasa
a mi padre, que en su casa
ellos tres solos vivían.
Sin que constase en su puerta
seña de que otro la abrió,

de una herida amaneció
muerto, conque es cosa cierta,
que el uno el agresor fue,
porque si entrambos lo fueran,
no el uno al otro se hicieran
el cargo; y siendo así que
uno de otro delató,
haciendo uno y otro empeño
de que de su muerto dueño
pida la justicia yo,
ante ti parezco, a efecto
de que castigo le des
al que hubiere sido.

Débora	¿Qué es
lo que vos decís respeto
desta acusación?

Primero	Que no
fui el que a mi dueño maté.

Débora	¿Y vos que decís?

Segundo	Que él fue,
porque no le maté yo.

Débora	¿Hay alguna información
de que hubiese con él uno
antes reñido?

Mujer	En ninguno
cayó aquesa presunción,
que la que en ambos cayó

fue que tal alevosía
para robarle sería,
cuyo efecto embarazó
el no culpado, que viendo
muerto a su dueño detuvo
al culpado, y como no hubo
más testigo que el estruendo,
a que la gente acudió,
cuando uno y otro decía
que él al otro detenía,
la Justicia a ambos prendió;
conque a tu gran tribunal
viene a pedir mi dolor
castigo para un traidor
y premio para un leal.

Débora

Aquí solamente Dios
ve al fiel y ve al homicida;
el delito es una herida
que no pudieron dar dos.
Dejarle de castigar
no es justicia, castigalle
en el uno sin que halle
indicio particular
contra él, tampoco lo es;
suspenda juicio y sentencia.

(Quédase como pensativa y sale la Prudencia.)

Prudencia

Aquí entra bien la Prudencia,
para coronar después
del sacro laurel la frente,
pues que halló, se prueba bien,

a la mujer fuerte quien
halló a la mujer prudente.
(Canta.) Divina profetisa,
a quien tan divinamente
aclamó todo el pueblo,
para que tú le rijas y gobiernes,
desempeñando en ti
el yerro que padece,
quien no juzga capaces
de armas, letras y mando a las mujeres,
pues tu gobernación
ya en levas y ya en leyes,
capítulo hará a parte
en el sagrado libro de los Jueces,
divina profetisa,
repita otra y mil veces,
mal en el juicio de hoy
dentro de ti, tú misma te suspendes.
Búscate en ti, hallarás
que es más inconveniente,
que muera el no culpado
que no que quede vivo el delincuente.
¿Será mejor que el vicio
tras sí a la virtud lleve,
que no que la virtud
el vicio traiga, en fe de que se enmiende?
Perdonar un delito
acción es de los reyes,
principalmente cuando
no hay parte que jurídica le pruebe,
mas condenar sin él,
ni lo es, ni serlo puede,
que restringir los males

es rigor, y piedad ampliar los bienes.
Y así, vivan entrambos,
y llegará a deberte
la Prudencia que vean
tejer entre tus palmas sus laureles.

Débora

Habiendo considerado,
suspensa en tan nuevo juicio,
que en favor ni en contra indicio
me dan ni el fiel ni el culpado,
resuelvo, no sin consejo
que ya consulté conmigo,
que ni premio ni castigo
me toca dar; y así, dejo
el castigo o premio a Dios
y pues en juicio oportuno
castigar no puedo a uno
he de perdonar a dos.
Libres estáis, idos, pues,
que a la parte algún gran don
la dará satisfación.

(Uno alegre besa la tierra, otro, triste, se va.)

Primero

Por alfombra de tus pies
mil veces la tierra beso.

Débora

Oíd, ¿cómo vos me volvéis
la espalda y no agradecéis
el ir libre?

Segundo

Si confieso
la verdad, como por mí

nada ha hecho la prudencia
de tu piadosa sentencia,
que yo vine libre aquí
y en volver libre no tengo,
señora, que agradecer.

Débora — No os vais ninguno, que hacer
segundo juicio prevengo;
¿volver el uno la espalda
y otro agradecer, qué indicia?

(Vuelve a suspenderse y sale la Justicia.)

Justicia — Aquí entra bien la Justicia
al premio de la guirnalda.

(Canta.) Débora, cuyo nombre,
sobre sacerdotisa,
en el idioma hebreo
la argumentosa abeja significa;
no sin grande alusión
de tus méritos digna,
pues tiene en su formada
república ave reina que la rija,
en cuya real tarea
tanto al afán se aplica,
que son para ella graves
y para todos dulces sus fatigas.
No este juicio suspensa
te tenga ni indecisa,
que ya de la Prudencia
viene hollando la senda la Justicia.
Quien no estima el perdón,
bien claramente explica

que no comete osado
la culpa de quien tímido le estima.
La conciencia acusada
fiscal es de sí misma,
y así le trata el uno
como acaso y el otro como dicha.
No se indicia de aquél
lo que deste se indicia,
pues como no esperada,
brota hallada de balde la alegría.
El reconocimiento,
aunque es virtud, se vicia
cuando afectado muestra
que cae sobre piedad no merecida.
Alborozadas gracias,
que pasan de la línea
de agradecidas se hacen
sospechosas de puro agradecidas.
Anima, pues, de espacio
lo que él aborta aprisa:
verás que los temores
a las seguridades se anticipan,
y veré yo si el Mundo,
de la sabiduría
da el laurel a Prudencia
que omite o a Justicia que averigua.

Débora

En segunda suspensión
a nueva luz solicito,
no sin iluminación,
ver si el cuerpo del delito
hace sombra hacia el perdón.
Y así, libre aquel criado,

a éste a la cárcel volved,
que sin duda es el culpado
el que tiene por merced
el mirarse perdonado.
Un tormento la malicia
purgue, que desto se indicia
si no es que llegue a evidencia,
que el cetro de la Prudencia
es vara de la Justicia;
vaya pues.

Primero — Si en el tormento
tengo de perder la vida,
mejor es que al alma atento
diga mi arrepentimiento,
que es verdad que el homicida
de mi anciano dueño fui.

(Vase.)

Segundo — Volvió mi verdad por mí.

(Vase.)

Mujer — También por mí mi dolor.

[Vase.]

Voces (Dentro.) — ¡Piedad, Débora, y favor!

Débora ¿Barac, qué es ésto?

(Salen Barac y los Villanos.)

Barac Oye.

Débora Di.

Barac Sísara, aquel general
de Jabín, de quien la Fama
tantos torpes triunfos cuenta,
tantos viles hechos canta
que de su bronce los ecos,
que de sus plumas las alas
ni bastan para escribirlos,
ni para contarlos bastan,
las riberas del Cisón
ocupa con gente tanta,
que de sus armadas tiendas
hecha ciudad la campaña,
se desvanecen los montes,
pues desde sus cimas altas,
mirando hacia abajo, vuelta
en acero la esmeralda,
no hay cumbre que no se dude
desconocida en su falda.
Sobre número infinito
de batallones y escuadras,
noventa falcados carros
(así en términos se llaman)
consigo trae ingeniosa
máquina tan nueva y rara
que elefantes, de madera

sufriendo sobre su espalda
fortificaciones, son
cada uno un castillo que anda,
un rebellín que discurre,
y un baluarte que vaga,
y aún no es ésta su mayor
fuerza; la que más espanta
para que los moradores,
dejando familias, casas,
mieses y ganados, vengan
señora, a echarse a tus plantas,
es la de su edicto, pues
en públicos bandos manda,
que mueran cuantos no den
a las sacrílegas aras
de Bahalín adoración,
cuyo terror...

(Baja al tablado y tras ella la Prudencia y Justicia.)

Débora	Calla, calla,
no prosigas, cesa, cesa,
Barac, que en llegando a que haya
ofensa de Dios, me anima
no sé que espíritu que habla
en mi corazón diciendo:

(Canta la Prudencia, y ella representa lo que canta.)

Prudencia	¿Qué os turba, qué os acobarda...?

Débora	¿Qué os turba, qué os acobarda...?

Prudencia ...de sus armas el poder...

Débora ...de sus armas el poder...

Prudencia ...pues si el poder de sus armas...

Débora ...pues si el poder de sus armas...

Prudencia ...le trae contra Dios, es fuerza...

Débora ...le trae contra Dios, es fuerza...

Prudencia ...contra sí mismo le traiga.

Débora ...contra sí mismo le traiga.

(Canta la Justicia y ella representa.)

Justicia Y aunque es prudencia poner...

Débora Y aunque es prudencia poner...

Justicia ...solo en Dios la confianza...

Débora ...solo en Dios la confianza...

Justicia ...tal vez su causa primera...

Débora ...tal vez su causa primera...

Justicia ...remite a segundas causas.

Débora ...remite a segundas causas.

Justicia Y así, en natural Justicia...

Débora Y así, en natural Justicia...

Justicia ...es bien que dellas te valgas...

Débora ...es bien que dellas me valga...

Justicia ...que aunque la fe basta a todo...

Débora ...que aunque la fe basta a todo...

Justicia ...la fe sin obras no basta.

Débora ...la fe sin obras no basta.
Tú, Barac, pues en Barac
el frase hebreo declara
al rayo, mi general
has de ser, que de tus canas
quiero fiar la prudencia
que disponga la jornada,
y del rayo de tu acero
la justicia de lograrla.
Del tribu de Neptalí
cinco mil hombres señala
y otros cinco mil del tribu
de Zabulón, cuya marcha
a ocupar la cumbre sea
del Tabor y en ella aguarda
fortificado hasta que
mi segunda orden te vaya

del día que Dios señale
para que des la batalla.

Barac

Aunque de tu pie, señora,
mil veces beso la estampa
por tanto honor, no sé cómo
te diga que la esperanza
de la victoria flaquea,
mientras tú misma no salgas
a la campaña en persona,
pues viéndote en la campaña,
no habrá nadie que no dé
por ti mil vidas, mil almas.

(Cantando las dos.)

Débora

¡Extraña proposición!

Las dos

No la tengas por extraña.

Prudencia
(Cantado.)

Que más veces la prudencia
suele vencer que las armas.

Justicia

Que más veces la justicia
de la lid el lauro alcanza.

Prudencia

¡Al arma, pues!

Justicia

¡Al arma!

Las dos

Y suenen con tu nombre

al compás de las cajas.

Justicia — Sonoro el clarín.

Prudencia — La trompa bastarda.

Justicia — Diciendo a este fin,
sonoro el clarín...

Prudencia — Diciendo a esta causa
la trompa bastarda...

Las dos — ¡Al arma, al arma, guerra,
al arma, al arma!

Débora — Pues es la causa de Dios
y Dios mi espíritu inflama,
yo iré contigo; mas mira
que es contra tu misma fama,
pues siendo tú el general
sera mía la alabanza.

Barac — Para ti la quiero yo.

Débora — ¿Y será bien que se esparza
por los ámbitos del orbe
que hombre que rayo se llama
no venció, y venció una humilde
mujer?

Barac — Sí, señora.

Débora — Aguarda,

¿en qué lo fundas?

Barac

En que
no sé qué vislumbres andan
aquí, que envueltas en sombras
de imaginados fantasmas,
me dan a entender que cuando
el pueblo de Dios se halla
en mayor conflicto, sea
una mujer quien le salva.

Débora

Aunque como profetisa
mi fe a lo lejos alcanza
a ver esa mujer fuerte,
cuya no mordida planta
pise al dragón, no soy digna
yo de ser su semejanza,
que tan soberana idea
otra es para quien se guarda.
Pero ya que me resuelvo
a ir contigo a la campaña,
bengala y espada vengan.

Prudencia

Si es la bengala la vara,
que a pobres y ricos mide
iguales, bien la bengala
a la Prudencia le toca.

(Pónese espada y bengala.)

Justicia

Y a la Justicia la espada,
pues es su acero el espejo

de armar en que se retrata.

Débora — Ea, Barac, mientras tú
a juntar las tropas vayas,
iré yo a hacer sacrificios
al Sabaot de las batallas,
Adonaí de las ciencias
y Jehová de las venganzas,
para que el pueblo se ponga
en más cierta confianza,
que del número del ruego.

Barac — ¿Pues qué esperas?

Las dos — ¿Pues qué aguardas?

Débora — Que diga el estruendo en ecos
y diga el gemido en ansias
llevando mi nombre
al compás de las cajas,
sonoro el clarín
y la trompa bastarda:
¡Arma, arma, guerra, guerra!

Todos — ¡Guerra, guerra, al arma, al arma!,
y lleven su nombre
al compás de las cajas,
sonoro el clarín
y la trompa bastarda,
diciendo a este fin
sonoro el clarín,
diciendo a esta causa
la trompa bastarda:

¡Al arma, al arma!

(Con esta repetición, volviendo a sonar juntos instrumentos, cajas y trompetas y música, se van todos, y sale Sísara y Soldados que traen preso a Morfuz, villano.)

Sísara

¡Al arma, al arma,
y a fuego y sangre no quede
de todas estas montañas,
desde su centro a su cima,
tronco, flor, hoja ni planta,
o que no vuele en pavesas
o que en cenizas no arda,
llevándose, no tan solo
tras sí tantas vidas cuantas
su intrincado seno alberga,
su eminente cumbre guarda,
pero hasta las mismas peñas,
que de su centro arrancadas
con la actividad del fuego
al aire suban tan altas
que empañando con el humo
la tez de ese azul alcázar,
apaguen la llama al Sol
temerosa de sus llamas!

Soldado

De todos cuantos villanos
entre sus riscos se amparan
por si algún aviso lleva,
prendimos a éste en la falda
desmandado.

Morfuz

¿Desmandado

yo? Mire usted cómo habla
porque muy mandado voy
donde me manda mi ama,
y mandado y desmandado
son dos cosas muy contrarias.

Sísara — Ven acá, villano.

Morfuz — Tanto
hay de esa estancia a esta estancia
como desta estancia a ésa;
y pues yo no tengo nada
que hacer allá y usted tiene
que hacer acá, cosa es crara
que a usted le importa el que venga,
primero que a mí el que vaya.

Sísara — Éste debe de ser loco.

Morfuz — Algo hay de eso.

Sísara — De esas ramas
le ahorcad que para escarmiento,
o loco o cuerdo me basta.

Morfuz — Ahora yo me llegaré
pues soy el de la importancia;
¿por qué han de ahorcarme, si yo
adoraré si le agrada
no solo al dios Badil pero
al dios Badil y Tenaza,
que soy criado de Haber,
y él a todos mos encarga

que así lo hagamos?

Sísara

¿Criado
de Haber eres?

Morfuz

¿Qué te espanta,
si Haber es mancebo rico
y yo borrico sin blanca,
que él me mande y yo le sirva,
pues en el Mundo que pasa
entre el Haber y no Haber,
no Haber sirve y Haber manda?

Sísara

¿Cómo te llamas?

Morfuz

Yo nunca
me llamo a mí, otros me llaman.

Sísara

¿Cómo?

Morfuz

Morfuz.

Sísara

¿Y Haber dónde
queda?

Morfuz

Persumo que anda,
porque confitente tuyo
no le cautive la patria,
dando a entender que él también
huye de ti y que en su casa
sin su voluntad te alojas,
ya que no te limonadas

ni garapiñas.

Sísara
¿Y dónde
ibas?

Morfuz
A traer de la granja
unas manadas de trigo
antes, según mos las talan
tus soldados, que no quede
una espiga de que haga
Jael el pan de tu regalo.

Sísara
¿Luego Jael de ella no falta?

Morfuz
No señor.

Sísara
Dame los brazos,
y ese sagrado te valga,
que no digo yo un villano
tan vil como tú...

Morfuz
A Dios gracias.

Sísara
...mas si a ti se redujese
toda la infame canalla
del hebreo pueblo, fuera
su salvamento el nombrarla;
vete pues.

Morfuz
Ahora no quiero
irme, que si otros me agarran,
podrá ser que a ahorcar me lleven

primero que a ti me traigan.

Sísara

Seguro irás; dad a este
villano una salvaguardia
para que en todos mis reales
entre libremente y salga,
y de ellos para sus dueños
lleve todo cuanto haya
menester.

Morfuz

La tierra beso
que pisas: ¿yo gordasalva
para que en sus reales pueda
entrar y salir? Mañana
no solo los balsopetos,
la caperuza y polainas
de reales llenaré pero
cosidas las boquimangas,
el sayo y los zarafuelles.

(Vase.)

Sísara

Vuelva a proseguir la saña
del incendio porque nunca
me importó más acabarla
que cuando sé que Jael
sola en su quinta me aguarda.

(Cajas a lo lejos.)

¿Pero qué cajas son éstas,
que del Tabor a la espalda,
por la parte de Efraín

se escuchan?

(Sale Haber.)

Haber
Dame tus plantas.

Sísara
Haber turbado vienes ¿qué hay de nuevo?

Haber
Apenas a contártelo me atrevo:
por salvar la sospecha
y hacer para con todos la deshecha,
yo también de ti huido
me fingí en esos montes retraído.
Una perdida espía
que de la parte de Efraín venía,
nos dijo que sabiendo
Débora el militar bélico estruendo
con que al Cisón ocupas las riberas,
hecha su margen frente de banderas
para impedir la entrada en sus estados
de dos tribus listó diez mil soldados
y dando por su esfuerzo y su consejo
a Barac de las armas el manejo,
no contenta con verse profetisa,
pasando de política a herotisa
a hallarse en la campaña
ella misma en persona le acompaña.

Sísara
Mal mis triunfos codicias,
pues eso dices, sin pedirme albricias;
¿qué más mi orgullo pudo
desear que su venida?, pues no dudo,
que Débora vencida,

no habrá después quien mi invasión impida,
quedando o presa o muerta su belleza,
todo el pueblo hecho un monstruo sin cabeza.
¿Qué son diez mil soldados,
para cien mil que traigo yo alistados?
Pues aunque se trocara
el número y lidiara
yo con los diez, cuando ella con los ciento,
aún tuviera seguro el vencimiento,
que no vale en armados escuadrones
tanto, Haber, al medir de los aceros,
un cordero, caudillo de leones,
cuanto un león, caudillo de corderos.
Si éste es principio en militares fueros,
mira tú cuán en vano
Sísara temerá a un caduco anciano
y a una flaca mujer, tan inferiores
en valor y poder; y así no ignores
cuánto esa nueva es en lisonja mía:
¡oh si no fuese al espirar del día
el habérmela dado,
qué presto me verías coronado
de su palma! Y pues ya la noche baja
envolviendo en su lóbrega mortaja
al cadáver del Sol, y que no es hora
de salirla al encuentro hasta la aurora,
retírese la gente
cada una a su cuartel, no sea que intente
(pues dueño del país no habrá surtida
que no sepa) valida
de la noche enmendar de su fortuna

la falta con alguna
sorpresa, que tal vez en la campaña
suele suplir al número la maña.
Yo he de ser el primero
que en vela esté; ni aun en tu casa quiero
retirarme al descanso ni al abrigo
que estando ya en campaña el enemigo,
fuera mal ejemplar que falte della
su capitán. ¡Oh, tú, primera estrella,
que eres contra la oscura hueste fría,
madrugadora embajatriz del día,
adelanta en tu esfera
a mi ruego la rápida carrera,
que yo te ofrezco dar a tu memoria
de oro una estatua en fe de la victoria,
que ya ni la inconstancia de la Luna,
la ojeriza del Sol, de la fortuna
la saña, ni el anhelo
del hado, ni el poder de todo el cielo,
harán que no sea mía!

(Vase y sale la Sabiduría en un trono en lo alto.)

Sabiduría

Sí harán, que está la gran Sabiduría,
cuando tú tan soberbiamente vano,
viendo desde su trono soberano
la humildad con que allí Débora orando
la noche pasa; allí Jael clamando
también a Dios, partida la asistencia,
una de la Justicia y la Prudencia
como gobernadora,
y otra, como señora
de su casa y familia, en confianza

de que haya Fortaleza en la Templanza.
¡Oye, Señor, sus voces...!

(Una parte, lo más distante que puedan, Débora, Justicia y Prudencia, y a otro Jael, Fortaleza y Templanza, y en medio la Sabiduría.)

Las cuatro (Cantan.) ¡Oye, Señor, sus voces...!

Sabiduría ...que tiernamente dulces y veloces...

Las cuatro ...que tiernamente dulces y veloces...

Sabiduría ...para mi triunfo inmenso
suben como la vara del incienso!

Las cuatro ...para su triunfo inmenso
suben como la vara del incienso!

Débora ¿Cuándo, Señor, será el día
que en virtud de tu piedad,
puesto el pueblo en libertad,
de la opresa tiranía
en que hoy yace se vea,...

Jael ¿Cuándo,
Señor inmenso, en virtud
tuya, sin esclavitud
se verá tu pueblo,...

Débora ...dando
al Mundo aquella divina
fuerte mujer singular

que le ha de restaurar.

Jael

..dando aquella peregrina
mujer fuerte que al dragón
ha de quebrantar la frente.

Débora

Y ya que en tu eterna mente
conviene la dilación...

Jael

Y ya que de tu tardanza
alto misterio se cree...

Débora

...para confirmar mi fe...

Jael

...para alentar mi esperanza...

Débora

...danos siquiera en loor
de tal aurora reflejos.

Jael

...danos siquiera a lo lejos
la luz de su resplandor.

La 1 y 2

Danos, Señor,...

La 3 y 4

Danos, Señor,...

Las dos

...ya en vislumbres...

Las otras

...ya en reflejos...

Las cuatro

...siquiera en sombras y lejos
la luz de su resplandor.

Débora
Danos el candor que encierra
el cuajado vellocino.

Jael
Danos el ángel divino
que ha de dominar la tierra.

Débora
Contra el triste mortal susto
que padece el pueblo mío...

Ella y las dos
...den los cielos su rocío,
lluevan las nubes al justo.

Jael
Contra el rabioso furor
de tanta tirana guerra...

Ella y sus dos
...abra sus senos la tierra
y produzga al Salvador.

Débora
Duélate su esclavitud.

Jael
Su llanto enjuga prolijo.

Débora y las dos
Danos, Señor, a tu hijo.

Jael y sus dos
Envíanos la salud.

Las dos
Y para ver que destierra...

Jael y Débora
...deste tirano el horror,
decir oye a su clamor...

(Las cajas.)

Voces (Dentro.) ¡Arma, arma, guerra, guerra!

Débora ¡Mas, ay!, que apenas la aurora
da su primero esplendor...

Jael ¡Mas, ay!, que apenas esparce
su primera lumbre el Sol...

Débora ...cuando en mi busca esa fiera
marcha.

Jael ...cuando ese feroz
monstruo todo el campo a un tiempo
mueve.

Sabiduría No tengáis temor;
lidia tú, Débora, y tú,
Jael, clama al cielo, que yo
oración y lid iré
a presentar ante Dios
dejando ejemplar al Mundo.

Las dos ¿De qué?

Sabiduría De que no dejó...

Ella y música ...de ser religión la lid
si es la lid por religión.

(Vase. Las cajas.)

Jael Pero aunque más me estremezca

de aquestas cajas el son...

Débora — Pero aunque más me amenace
este bélico rumor...

Jael — ...pues mi espíritu me anima...

Débora — ...pues me habla mi inspiración...

Jael — ...no ha de perturbarme a que
al cielo no clame.

(Vase.)

Débora — ...no
ha de impedirme, que al paso
no salga.

(Representan.)

Las cuatro — Venced las dos
lidiando y orando; vea
el Mundo, que no dejó
(Cantan.) de ser religión la lid
si es la lid por religión.

(Vanse, quedando sola Débora, y sale Barac.)

Débora — ¿Barac?

Barac — ¿Qué mandas?

Débora — Descienda

todo el formado escuadrón
al valle del Terebinto
de la cumbre del Tabor,
que no solamente intento
esperarle en él, sino
al opósito salirle.

Barac
Si ves cuánto superior
en número viene, pues
casi cien soldados son
los que hay para cada uno
de los nuestros, ¿no es mejor
esperarle en la eminencia
más fortificados?

Débora
No,
que quizá es aqueste el día
que me ha prometido Dios;
toca al arma.

(Las cajas, y sale Sísara y Soldados.)

Sísara
Toca al arma,
pues he de ser, o pues soy,
buscando a quien devorar
aquel rugiente león
que ha de circundar el Mundo,
signifique al Mundo hoy
del Tabor el monte: todo
le sitiad alrededor,
porque por ninguna parte
a nadie pueda el temor

poner en fuga.

Soldado 1
No solo
le pone en ella tu horror,
pero del monte desciende
con tan vana presunción
que es presentando batalla.

Sísara
No lo imagines, que no
será sino que rendido
vendrá buscando el perdón
pidiendo a merced las vidas.

Haber
Si aqueso fuera, señor,
no a banderas desplegadas
marchando viniera al son
de cajas y trompas; oye
si esto es salva o es terror.

(Suena terremoto en todos cuatro carros.)

Sísara
Terror es, pues ya sus trompas
y cajas los vientos son
y las nubes, que improviso
terremoto confundió
tanto la noche y el día,
que al batallado pavor,
sobresaltado parece
que ha muerto súbito el Sol.
En trémula oscuridad
tanto mi vista cegó,
que solo ver me permite
no sé qué raro esplendor

que desciende sobre mí
de las cumbres del Tabor.

(Cajas y terremoto.)

Haber

No solo a ti pero a todos
ciega su iluminación,
y pues que yo entre Canán
y Israel neutral estoy,
falte hasta ver el suceso.

(Vase.)

Sísara

No os turbe la admiración,
pues por más que se declare
(se esconda diré mejor)
contra mí el cielo, contra él
sabré resistirme yo;
toca al arma.

(Cajas y trompetas.)

Débora (Dentro.)

Toca al arma
y embiste, pues en favor
nuestro vemos que pelea,
Barac, el brazo de Dios.

Barac (Dentro.)

Rayo es mi nombre; no en balde
hiciste de mí elección,
pues a mi ejemplar los rayos,
listados soldados son.

Unos ¡Viva Israel!

Otros ¡Canán viva!

(Salen Débora y Barac y Soldados, y hacen la batalla con Sísara y los suyos, sonando a un tiempo las cajas, las trompetas y el terremoto.)

Débora A ellos, que sin duda hoy
el día del Señor es,
porque no quede objección,
que el día que el Señor vence
no es el día del Señor.

(Danse la batalla, retirándose Sísara y los demás, y salen el Mundo como despavorido y asombrado.)

Unos ¡Viva Canán!

Otros ¡Israel viva!

Todos ¡Arma, arma!

Mundo ¿Qué confusión,
qué parasismo, qué pasmo,
qué frenesí, qué temblor
es el que el Mundo padece
tan despavorido hoy
que no sabe si el diluvio
en que antes agonizó
repite, según la lluvia
le roba al campo el verdor,
o si es el amenazado
día a su última aflicción,

según los rayos que vibra
toda la ardiente región
en globos de fuego? Pero
convalezca mi temor
que no es común el estrago,
pues a lo que viendo estoy,
sobre el campo de Canán
solo desciende el furor,
cobrando sobre el incendio
que sus tiendas abrasó
tan nunca vista avenida
las corrientes del Cisón
que de sus carros la inmensa
vaga fortificación,
despedazada a fragmentos
la lleva la inundación,
sin que el campo de Barac
ofenda, conque en veloz
fuga el de Sísara huyendo
va de un riesgo a otro mayor,
pues el que del fuego escapa
no escapa del agua, y son
agua y fuego sus sepulcros,
todos diciendo a una voz.

(Las cajas y terremoto.)

Unos (Dentro.) ¡Que me ahogo!

Otros ¡Que me abraso!

Todos ¡Gran Dios de Bahalín, favor!

Todos ¡Victoria, Débora viva!

Débora (Dentro.) Ved que erráis la aclamación,
que no es mía la victoria,
que solo quien vence es Dios;
y pues que Sísara huyendo
sus gentes desamparó,
seguid su alcance.

Mundo Sin duda,
para quien depositó
en mí la Sabiduría
de su guirnalda el honor
Débora es, pues redemptora
del pueblo, le pone hoy
en salvo, mas qué virtud
es la que el triunfo la dio
no sé; y así, pues entre ellas
será noble la cuestión,
pendiente el Mundo y pendiente
de los cedros de Sión,
esperando a ver el fin
habrá de estar, mientras yo
en todos cuatro elementos
la lid padezco.

(La caja, el terremoto, y yéndose el Mundo, sale Jael asustada oyendo a lo lejos.)

Jael El temor
de los rayos en el fuego,
del agua en la inundación,
de los truenos en el aire,

de la tierra en el temblor,
por más que quiera (¡ay de mí!)
retirada en mi oración
perseverar, no es posible
que no sufre el corazón
dejar de saber en qué
tanto escándalo paró;
y así, a puertas de la quinta
salgo a ver.

(Sale Morfuz con unos manojos de trigo y un esquino, en que vendrán clavos y martillo.)

Morfuz
Gracias a Dios,
que aunque en carbón se me han vuelto
los reales que me ofreció
Chíchara, los cuartos míos
no se me han vuelto en carbón.

Jael
¿Morfuz, qué hay de lid?

Morfuz
No sé,
que viendo que en casa no
había pan, por estos haces
de trigo, llegué a la troj,
que a falta de pan oí
que buenas sus tortas son.

Jael
¿Y qué traes aquí?

Morfuz
Un martillo
y clavos.

Jael
¿A qué ocasión?

Morfuz
De clavar todas las puertas
a la susodicha troj,
porque le cueste siquiera
ese trabajo al ladrón
que quiera entrar a robarla.

Jael
¡Qué villana prevención!

(Quítale espigas y clavos.)

Mas déjame haces y esquino
y ve a ver en qué paró
la batalla, que entretanto
ahechando sus granos yo
me quedaré, porque ociosa
no me acuse ese clamor,
de que el pueblo está peleando
y yo cuidando no estoy
de tener a los soldados
que aquí traiga su aflicción,
pan que darles.

Morfuz
¿Yo ir a ver
lo que allá pasa? Eso no,
que aunque aquí estar no quisiera
a donde llega la voz
que entre su escándalo dice.

Sísara (Dentro.)
¡Gran dios de Bahalín, favor!

Jael
Bien teme, pues quien invoca

a Bahalín, no a Sabaot
infiel es.

Morfuz
Y tan infiel,
si no es que enturbiado estoy,
que el que despeñado cae
desde el risco superior
del monte Chíchara es.

Jael
Al verle tiemblo.

(Sale Sísara como despeñado.)

Sísara
¿Quién vio
en el vientre de una nube
tan monstruoso embrión,
que aborte de un mismo parto
el granizo y el ardor?
Y pues, ni hueste con hueste,
ni escuadrón con escuadrón
me queda, ¿dónde podré
guarecer la vida? No,
porque la vida deseo
(Cayendo y tropezando.)
tan sin fama y sin honor,
vencido de una mujer,
mas porque viviendo yo
viva de Israel la ruina,
vengando en otra ocasión
el desdén desta, por más
que milite en su favor
el cielo, pues cuando me halle
sin más armas, sabré atroz,
para escupírsele al cielo,

arrancarme el corazón.

(Cae a los pies de Jael.)

Barac (Dentro.) Por aquesta parte fue
por donde Sísara huyó.

Débora No quede en su alcance peña,
risco, gruta, tronco o flor
que no examinéis.

Sísara En vano
la fuga me aseguró,
pues cuando desalentado
oigo tan cerca la voz
de quien me sigue, no sé
por dónde ni a dónde voy.

Jael ¿Qué noble envidia, nacida
de generoso valor
es la que ha engendrado en mí,
ver huyendo a este feroz
monstruo, sin que tenga parte
en su vencimiento yo?

Sísara ¿Quién va? ¿Quién es?

Jael ¿Qué te asombra
el mirarme?

Sísara ¿Cómo no
me he de asombrar, si segunda

vez a tus plantas estoy?

Jael

¿Qué importa si es para hallar
en mí tu auxilio y favor?

(Aparte.)

(¡Oh tú, piadosa Templanza,
dale halagos a mi voz,
y ayúdame, Fortaleza,
tú para una ilustre acción!)
No temas, pues.

Sísara

No, no es
fácil no tener temor
a cualquier mujer, después
que una mujer me venció.
Dígalo el que siendo tú
la sola a quien no tocó
ni de mi rabia el contagio
ni de mi edicto el pregón,
al verte con ese haz
de trigo al pecho (¡qué horror!),
con esos clavos (¡qué angustia!)
y ese martillo, en mayor
pasmo, en mayor sentimiento
me pones que el que me dio
Débora vibrando rayos,
dándome a entender que son
martillo, clavos y espigas
segundas armas de Dios.

Jael

No vanamente te dejes
persuadir de la aprehensión
que trae las ruinas tras sí,
que de verme exempta yo

de tus sañas, solicito
cumplir con la obligación.
Entra en mi albergue y en él
descansa, cobra el valor
y el aliento, que yo ofrezco
dar a tu vida favor
tal que a nadie contra ella
le quede ninguna acción.

Sísara

Agradecerte quisiera,
Jael, la piedad, pero estoy
tan rendido a la fatiga
del cansancio, a la pasión
de la sed que apenas puedo
formar la respiración;
manda que un jarro de agua
solo me den.

Jael

Fuera error
que el agua es veneno...

Morfuz

¡Y cómo
que es!

Jael

...tras cansancio y sudor.

Morfuz

Y aun antes, y así, por él
volando a traérsele voy.

(Vase.)

Jael

Ven donde un jarro de leche
sea antídoto mejor

a entrambas ansias.

Sísara Fortuna,
no desesperes, pues hoy
a ejemplo de todo el mundo,
cifrado en mi confusión,
si una mujer fue tu ruina
otra será tu blasón,
guardando mi vida para
que el padecido baldón
vengue, que no ha de haber siempre
eclipses contra mí.

(Vase.)

Jael ¡Oh,
si la bebida logrando
su natural propensión,
le adormeciese el sentido!
Pues me da, inmenso Señor,
la Templanza el medio, deme
la Fortaleza el valor
y el acaso destas armas
el instrumento.

(Vase y salen Débora, Barac y Soldados que traen preso a Haber.)

Débora ¿En fin, no
parece Sísara?

Barac Todas
las montañas discurrió
tu gente, y solo en su centro

a Haber escondido halló,
con que oyendo a todo el pueblo
la común acusación
de ser confidente suyo,
y quizá por quien movió
las armas contra Israel,
a ti le trae en prisión.

Débora

Haber, que del pueblo hebreo
tomaste el bando peor,
pues idólatra las puertas
abriste a la indignación
del cielo, ya ves que el cielo
a Sísara castigó
y que el castigarte a ti
me toca.

Haber

A tus pies estoy
y arrepentido, la enmienda
prometo y pido el perdón.

Débora

Libre está quien perdón pide
y enmienda ofrece.

Barac

Pues hoy,
Débora, no solo el pueblo
redime de la opresión
en que le tenía un tirano,
pero en cuanto a religión,
su error destierra, salvando
la esclavitud y el error,
¿quién duda que a voces diga

el Mundo en su aclamación...

(Sale el Mundo con la guirnalda.)

Mundo

Débora es la mujer fuerte,
que en los Proverbios buscó
la gran sabiduría; pero
el laurel que en mí dejó,
fue para aquella virtud
que en más eminente loor
suyo el premio la adquiriese:
por eso no se la doy
hasta que este fin la Fama
con lo dulce de su voz
convoque de las virtudes
el coro, a ver cuál logró
conseguir desta guirnalda
el lauro; suene veloz
la dulzura de tu acento.

(La Fama en bofetón en lo alto de un carro.)

Fama (Canta.)

¡Pues atención!

Música

¡Atención!

Fama

¡Ah de la esfera del fuego!
¡Ah de la vaga región
del aire, montes y mares,
cielo, estrellas, Luna y Sol!
¡Atención!

Música ¡Atención!

Fama ¿Qué virtud es la que más
gloriosa resplandeció
para haber hallado el Mundo
a la mujer fuerte?

(Ábrense dos carros y vense en el uno la Justicia y la Prudencia, y en el otro la Templanza y la Fortaleza, y todas cuatro en dos rastrillos, que bajen al tablado sentadas en un iris de nubes con araceli de flores.)

Las cuatro (Cantan.) Yo.

Barac Todas cuatro respondieron
varias en acorde unión.

Débora Y todas cuatro triunfantes
se dejan de dos en dos
ver en dos iris, en cuyo
cambiante tornasol,
cada flor es una estrella
y cada estrella una flor.

Mundo Bellas virtudes, si el Mundo
árbitro es de la elección,
sepa el Mundo quién el dueño
es desta guirnalda.

Las cuatro Yo.

Prudencia (Canta.) Yo, que siendo la Prudencia,
di a Débora inspiración

para que su triunfo fuese
efecto de su oración.

Justicia (Canta.)

Yo, que siendo la Justicia,
y la Justicia de Dios
truenos y rayos, la di
las armas con que venció.

Templanza (Canta.)

Yo, que siendo la Templanza,
templé en Jael el dolor
de ver cautivo su pueblo,
hasta lograr la ocasión
de acabar con su enemigo.

Fortaleza (Canta.)

Yo, que de esa ilustre acción
el dueño fui, pues fui quien
a su espíritu le dio
la fortaleza, añadiendo
aún circunstancia mayor
a que no llegó ninguna.

Todas (Representan.)

¿Cómo?

Fortaleza

Como fue a ocasión,
que para amasar el pan,
cuando Sísara llegó,
ahechaba el trigo que había
reservado en fértil troj,
para que fuese sustento
del ejército de Dios,
con que queda destruido
de una vez el fiero horror

de tanto contrario.

Todas ¿Cómo?

Fortaleza Dígalo su misma acción.

(Ábrese en un carro un pabellón de campaña, y vese como en un lecho Sísara con un clavo en la frente, y Jael en acción de estarle enclavando.)

Fortaleza Volved los ojos, veréis
el trágico pabellón.

Jael Muere, tirano, a las armas,
que aunque el acaso las dio,
no hay acaso sin misterio.

Sísara ¡Ay de mí! No siento, no,
tanto el morir, como a manos
de una mujer, con baldón
tan vil como que vea el Mundo
clavo en mi frente y que hoy
muera con señas de esclavo
el que ayer era señor.

Unos ¡Qué prodigio!

Otros ¡Qué portento!

Otros ¡Qué asombro!

Otros ¡Qué admiración!

Débora

Más que admiración, asombro,
portento y prodigio son
para mí.

Todos

¿Por qué?

Débora

Porque
como profetisa, estoy
viendo en aquel misterioso
jeroglífico un borrón,
un rasgo, un viso, una seña,
que en bosquejado primor
me dice el prometimiento
que hizo en el Génesis Dios,
de que una mujer quebrante
la cabeza del dragón.

Mundo

Aunque el fin es quien corona
la obra, con todo eso yo
desta preciosa guirnalda
no me atrevo a dar el don
sin que la Sabiduría
atienda a mi invocación.

(En el carro de la palma donde estuvo sentada Débora, sube sentada por elevación la Sabiduría con hostia y cáliz en la mano.)

Mundo

¿Dónde, alta deidad, estás?

Sabiduría

Sentada en la silla estoy
que por sede de sapiencia
prestada a Débora doy,
desde el día que del pueblo

la di la gobernación.

Mundo

De Prudencia y de Justicia,
ella asistida, sacó
de esclavitud a Israel,
en cuya prosecución
de Templanza y Fortaleza
Jael asistida, mató
a Sísara; ¿a quién daré
tu laurel?

Sabiduría

Aunque en las dos
se explican los dos lugares
que quise confrontar yo,
en consuelo de que veas
sombras de tu redención,
pues Débora es la mujer
fuerte, por quien preguntó
el proverbio, puesto que ella
al enemigo venció
y Jael la que invencible
el Génesis prometió,
puesto que es la que quebranta
la frente al monstruo feroz,
¿quién duda, que conviniendo
los dos visos en las dos,
que una es redención al pueblo
y otra al Mundo es redención?
Y así, pues más general
fue de Jael el favor,
puesto que a gentil y hebreo
igualmente aprovechó
la limosna de su trigo,

reparando la aflicción
del hebreo y del gentil
que a sus umbrales llegó,
en fe de que su materia,
siendo hebrea traducción,
casa de trigo Belén,
habían de gozar los dos
el fruto, que en su escondido
tesoro reserva Dios,
hasta el difinido tiempo,
que amanezca su esplendor
a ser su carne este pan
y su sangre este licor,
¿quién duda que viva sombra
Jael es y Débora no,
de aquella en primero instante
pura y limpia concepción,
que en siempre virgen aurora
nos ha de parir el Sol?
Désele a su Fortaleza
la guirnalda.

Mundo — Es justa acción.

Prudencia — Las tres te lo agradecemos.

Justicia — Con que de nuestra cuestión...

Templanza — ... todas quedamos iguales...

Las tres — ...todas diciendo a una voz:

Ellas y Música — Jael viva, sombra de aquella

pura y limpia concepción,
que en siempre virgen aurora
nos ha de parir el Sol.

Débora

Bendita entre las mujeres
la aclamad.

Justicia

Eso mejor
el cántico de Barac
lo dirá.

Jael

Felice yo,
que he llegado a merecer
tan gloriosa aclamación.

Morfuz

Pues que del Señor el día
no pierde ser del Señor
porque en gloria de su madre
le vuelva la devoción,
digamos todos, pidiendo
de nuestras faltas perdón.

Todos y Música

Jael viva, sombra de aquella
pura y limpia concepción,
que en siempre virgen aurora
nos ha de parir el Sol.

Fin de la comedia

Libros a la carta

A la carta es un servicio especializado para

empresas,
librerías,
bibliotecas,
editoriales
y centros de enseñanza;

y permite confeccionar libros que, por su formato y concepción, sirven a los propósitos más específicos de estas instituciones.

Las empresas nos encargan ediciones personalizadas para marketing editorial o para regalos institucionales. Y los interesados solicitan, a título personal, ediciones antiguas, o no disponibles en el mercado; y las acompañan con notas y comentarios críticos.

Las ediciones tienen como apoyo un libro de estilo con todo tipo de referencias sobre los criterios de tratamiento tipográfico aplicados a nuestros libros que puede ser consultado en Linkgua-ediciones.com.

Linkgua edita por encargo diferentes versiones de una misma obra con distintos tratamientos ortotipográficos (actualizaciones de carácter divulgativo de un clásico, o versiones estrictamente fieles a la edición original de referencia).

Este servicio de ediciones a la carta le permitirá, si usted se dedica a la enseñanza, tener una forma de hacer pública su interpretación de un texto y, sobre una versión digitalizada «base», usted podrá introducir interpretaciones del texto fuente. Es un tópico que los profesores denuncien en clase los desmanes de una edición, o vayan comentando errores de interpretación de un texto y esta es una solución útil a esa necesidad del mundo académico.

Asimismo publicamos de manera sistemática, en un mismo catálogo, tesis doctorales y actas de congresos académicos, que son distribuidas a través de nuestra Web.

El servicio de «libros a la carta» funciona de dos formas.

1. Tenemos un fondo de libros digitalizados que usted puede personalizar en tiradas de al menos cinco ejemplares. Estas personalizaciones pueden ser de todo tipo: añadir notas de clase para uso de un grupo de estudiantes, introducir logos corporativos para uso con fines de marketing empresarial, etc. etc.

2. Buscamos libros descatalogados de otras editoriales y los reeditamos en tiradas cortas a petición de un cliente.

Made in the USA
Las Vegas, NV
16 September 2026

f34ccd97-46e7-40e8-89d6-ab353b9a7d19R02